Aller Anfang ist schwer

–

Der Einstieg ins Network Marketing

Bibliografische Information der Deutschen Nationalbibliothek: Die Deutsche Nationalbibliothek verzeichnet diese Publikation in der Deutschen Nationalbibliografie; detaillierte bibliografische Daten sind im Internet über dnb.dnb.de abrufbar.

Herstellung und Verlag: BoD – Books on Demand, Norderstedt

ISBN: 978-3-7562-4850-6

Vorwort

Dieses Buch soll ein Wegweiser für Euch sein um den Pfad in ein freieres und besseres Leben zu finden.

Bevor ich aber anfange, würde ich mich gerne vorstellen. Mein Name ist Oliver Göttlinger, ich bin am 4. Oktober 1983 in Straubing, einer 45000 Seelen Kleinstadt im Schönen Niederbayern, geboren. Ich bin der Sohn einer Kaufmanns-Familie, verheiratet und Vater einer wunderschönen Tochter.

Natürlich habe ich in meinem Leben die ein oder andere Hürde nehmen müssen. Auch von einigen Berg- und Talfahrten wurde mein jetziges Sein geprägt, doch OHNE diese ganzen Erfahrungen, wäre ich wohl nie soweit gekommen und hätte wohl auch nicht den Mut gehabt den Schritt in das Network Marketing zu wagen.

Doch bevor wir in das eigentliche Thema Network Marketing einsteigen, würde ich Dir gerne noch eine Frage stellen.

Was würdest Du tun, wenn Du Dein Leben selbst bestimmen könntest?

Ich stelle mal eine ganz einfache Rechnung über das Leben auf. Wenn man den Zeitaufwand für Arbeit, Schlafen und sonstige Verpflichtungen miteinander

addiert und das Ergebnis von einem ganz normalen 24h-Tag subtrahiert, dann bleiben doch nicht mehr als gerade mal 2 – 3 Stunden für einem selbst übrig. Hab' ich recht?

Aber komischerweise hat man trotz des hohen Aufwandes nicht genug Geld um das zu tun was man eigentlich will.

Ich möchte Dir aber gerne eine Anleitung an die Hand geben, damit DU das ändern kannst.

Viel Spaß beim Lesen.

Der Einstieg

Also fangen wir nochmal von vorne mit unserem Thema an, nämlich Network Marketing.

Was bringt uns eigentlich Network Marketing? Network Marketing ist eine Möglichkeit die Karriereleiter nach oben zu klettern, sein eigenes Gehaltsniveau um ein Vielfaches zu überschreiten und um hoch qualifizierte Aufgaben zu erledigen. Die Voraussetzung ist aber, man macht es richtig.

Folgende Fakten sollte man aber berücksichtigen. Wer schneller an sein Zeil kommen möchte, sollte bestimmte persönliche Qualifikationen und eine gewisse Haltung seinen Mitmenschen gegenüber mitbringen.

Eine gewisse Qualität bzw. wichtige Grundeinstellung sind, dass man durch seinen errungenen Erfolg im Network Marketing auf keinen Fall ein falsches Gefühl von Macht gegenüber seinen Nächsten haben oder vermitteln soll. Natürlich bringt der Erfolg gewisse Verbesserungen wie z.B. mehr Geld, schöne Kleidung und vielleicht auch noch ein teures Fahrzeug. Jedoch wäre es falsch zu glauben, dass dies alles der Pfad zu den sog. „Peaks and Pearls" ist. Sollte dies zutreffen, dann hast Du dich sehr getäuscht und es bleibt nur zu sagen: „Viel zu lernen Du noch hast"

Es geht einzig und alleine darum, sich selbst mehr Freiheit und größere Freiräume zu schaffen um sich persönlich besser entfalten zu können. That's it.

Es mag sich vielleicht auch banal anhören, doch der Erfolg im Network Marketing resultiert aus der Liebe zu anderen und vor allem der Liebe zu sich selbst. Was meine ich damit.

Ganz einfach. Jemanden so zu akzeptieren wie er ist und nicht wie er vielleicht sein soll, definiere ich als Liebe zu anderen. Wer sich allerdings selbst so liebt und nimmt wie man ist, der hat das Wichtigste im Leben schon gelernt und verinnerlicht, was einem das Leben tatsächlich bieten kann.

Wenn Du das verstanden hast und bereit bist Prinzipien auf ethischer und wirtschaftlicher Basis zu beachten, dann wirst du Erfolg im Network Marketing haben.

Ich drück Dir die Daumen.

Hattest Du nicht oft mal einen Moment für Dich alleine und hast so vor dich hingeträumt wie fantastisch es doch wäre, wenn Du dein Leben selbst bestimmen könntest?

Oder vielleicht auch von Freiheit und finanzieller Unabhängigkeit?

Was würdest Du tun? Deinen Traumwagen kaufen? Dein Traumhaus bauen oder die ganze Welt bereisen?

Ich denke diese Vorstellungen machen dich sicher sehr neugierig und Du kannst es kaum erwarten endlich zu erfahren wie Du das erreichen kannst.

Nun dann möchte ich dich nicht länger warten lassen.

Noch etwas vorneweg. Ich glaube Du verdienst momentan dein Geld mit einer dieser **vier** nachfolgenden Methoden.

Die 4 Verdienstmethoden

Methode 1: Du bist Arbeitnehmer

Das wird wohl eher auf die meisten Menschen zutreffen. Egal ob Lohn oder Gehalt verdient man nur Geld für das was man „geleistet" hat. Was glaubst Du wie viel Zeit ein Arbeitnehmer für sich hat?

Also, man arbeitet in der Regel 8 Stunden. Für die fahrt dahin und zurück rechnen wir mal einfacher halber mit 1 Stunde. Nicht zu vergessen, dass der normale Mensch im Durchschnitt etwa 7 Stunden schläft und sicherlich noch gewisse Dinge am Tag erledigen muss wie Einkäufe ….

Du siehst schon wo die Reise hingeht. Tatsächlich stehen dir als Arbeitnehmer gerade einmal ein paar Stunden rein für Dich selbst zur Verfügung. Erdrückender ist noch tatsächlich zu wissen, dass ein Arbeitnehmer gerade mal ein viertel seines eigentlichen Wertes verdient. Der Rest bleibt im Unternehmen oder beim Chef hängen. Schließlich will der ja auch an der ganzen Sache etwas verdienen. Man hat ja nur einen Job.

Ein bekannter Motivationstrainer namens Zig Ziglar sagte einst: das Wort Job steht für „**J**ust **o**ver **b**roke" was so viel wie „kurz vor der Pleite" bedeutet.

Methode 2: Du bist Unternehmer

Viele glauben den Traum leben zu müssen selbständig zu sein. Doch meist entpuppt sich dieser Traum als ein wahrer Albtraum. Laut Statistik scheitern in Deutschland nahezu die Hälfte aller neu gegründeten Unternehmen in relativ kurzer Zeit und ich kann mir vorstellen, dass das in naher Zukunft sicher noch mehr werden.

Kennst Du vielleicht einen Unternehmer persönlich? Hast Du ihn schon jemals gefragt wie viel Freizeit er wirklich hat? Da sind gerne mal so sechzig bis achtzig Stunden die Woche drin.

Es wird mit Sicherheit die Frage kommen: „Ja aber als Unternehmer verdiene ich ja ne Menge Geld". Keine Frage. Doch was nützt einem das viele Geld, wenn ich nicht mal die Zeit habe es auszugeben?!

Was bringt es Dir bitte Luxus zu haben ihn aber nicht ausleben zu können oder vielleicht gerade mal 5 Tage im Jahr?

Methode 3: passive Einkommen

Das wäre dann, wenn Du dein Geld etwa mit künstlerischer Freiheit passiv wie Schauspielerei, als Autor oder Musiker verdienen würdest.

Methode 4: Einkommen aus Anlagen

Anlagevermögen ist wirklich eine tolle Sache. Wenn man es richtig anstellt kann man mit einer Anlage von 500.000,-€ oder mehr ein richtig gutes Einkommen generieren. Doch wer hat schon locker flockig mal eben so ne halbe Million übrig um das zu tun.

Solltest Du also zu den ersten beiden Gruppen gehören, dann möchte ich Dir gerne eine Möglichkeit zeigen wie du finanziell unabhängig werden kannst. Kram Deine längst abgeschriebenen Träume und Wunsche wieder aus der Kiste raus und lass mich Dir das Gegenteil beweisen, dass man finanziell unabhängig werden und seine Träume verwirklichen kann.

Ich möchte Dir nun den Weg zu finanzieller Unabhängigkeit zeigen.

Wie definiert man finanziell unabhängig. „**Viel Geld und genug Zeit um es auszugeben**"

Dein Leben selbst bestimmen zu können.

Aber worum geht es denn nun genau. Network Marketing ist das erfolgreichste Vertriebskonzept der letzten 20 Jahre. Network Marketing ist die erfolgreichste Methode Waren auf dem Weltmarkt zu bewegen. Aber um das ganze vielleicht besser verstehen zu können, sollte man den Unterschied zu den herkömmlichen Methoden kennen.

Es gibt kurz gesagt 3 Methoden um Waren zu vertreiben:

- ✓ Der Einzelhandel

- ✓ Der Direktverkauf

- ✓ Das Network Marketing

Der Einzelhandel

Jeder kennt es. Der Markt und das Kaufhaus um die Ecke. Rein, Waren kaufen und wieder raus. Ziemlich simpel.

Der Direktverkauf

Kennt auch jeder. Die wohl berühmtesten Vertreter dafür sind wohl die netten Herren die an Deiner Haustüre ihre tollen Haushaltsgeräte in dem schicken grün-weiß bewerben. Oder auch die tollen Partys für die schönen bunten wiederverschließbaren Küchenutensilien.

Das Network Marketing

Hier läuft es ein bisschen anders. Der Vertrieb der Produkte wird über mehrere Stufen vollzogen. Aber ACHTUNG, es hat NICHTS mit dem Direktverkauf zu tun!

Ganz am Anfang steht der Hersteller, der sein Produktsortiment zur Verfügung stellt. Dieser Hersteller gewährleistet nun unabhängigen Geschäftspartnern oder auch Kunden seine Waren ohne jegliche Abnahmeverpflichtungen beziehen zu können.

Zunächst ist der Geschäftspartner auch Konsument der einzelnen Produkte und so gesehen auch Kunde des Herstellers. Es ist ja auch ziemlich praktisch direkt beim Hersteller zu kaufen, da man sich da ja auch einiges an Geld sparen kann.

Aber nun liegt es am Geschäftspartner selbst diese Einkaufsmöglichkeiten und die damit verbundene Geschäftsmöglichkeit anderen mitzuteilen und zu empfehlen. Hat dieser jemanden erfolgreich vermittelt, ähnlich wie bei einem Abo oder einer Mitgliedschaft, dann ist er prozentual an dessen Umsätze beteiligt.

Er erhält monatlich eine Provision auf alle getätigten Einkäufe der Menschen, denen er die Produkte weiterempfohlen hat.

Ich höre es schon ganz leise grummeln. „Das ist doch ein Schneeball- oder Pyramidensystem!"

Um Gottes Willen Nein. Diese Form von Geschäftsaufbau ist in absolut verboten und illegal.

Network Marketing hat nicht das Geringste damit zu tun. Hier hat jeder die gleichen Chancen ein überdurchschnittliches Einkommen zu erreichen.

Vielleicht sollte man auch erwähnen, dass ein weiterer Unterschied ist, dass der Mitarbeiter oder Konsument direkt beim Unternehmen bestellt und nicht bei sog. Zwischenhändlern.

Man muss sich nicht zwangsläufig ein Vertriebsnetz aufbauen. Man hat auch die Möglichkeit lediglich die

Produkte zu kaufen. Auch als Kunde kann man die Produkte seinen Freunden und Bekannten weiterempfehlen um somit seinen Eigenbedarf relativ schnell kostenfrei zu bekommen.

Man darf diese Tätigkeit jedoch nicht als einen herkömmlichen Verkauf betrachten. Es ist eher wie aus einem Katalog von einem Versandhaus zu bestellen. Vielleicht hast Du das ja schon mal gemacht und jemandem auch etwa mitbestellt. Hast Du dadurch demjenigen etwas verkauft? Eher nicht, schließlich hast du ja nur „mitbestellt".

Und genau das tust Du mit den Leuten, die an dem Geschäftsmodell nicht interessiert sind. Sie können ganz einfach die Waren einfach weiterempfehlen.

Im Grunde genommen ist es doch ganz einfach. Oder nicht?

Ich glaube nämlich nicht, dass Du schon jemanden getroffen hast, der monatlich 50.000,-€ oder mehr verdient. Ja richtig gelesen: **PRO MONAT!**

Man muss aber fairerweise dazu sagen, dass sich diese Personen ihr Geschäft über mehrere Jahre aufgebaut haben und nicht von heute auf Morgen. Aber es gibt Tausende, die solche Summen tatsächlich durch Network Marketing verdienen. Aber nicht nur horrende Summen, sondern auch kleine Summen sind möglich. Man kann

sich auch locker 200,- oder 300,-€ verdienen um die Haushaltskasse dadurch ganz schön aufbessern zu können.

Man wird mit Network Marketing nicht über Nacht reich, jedoch dauert es auch nicht ewig, wenn man beständig am Ball bleibt und seine Sache gut macht. Es ist auch möglich alles nebenberuflich zu machen, somit muss man seinen „sicheren" Arbeitsplatz auch nicht aufgeben.

Das klingt doch alles zu schön um wahr zu sein, stimmt's? Du

denkst doch sicher, dass das alles mit sehr hohen Kosten verbunden ist, aber ich kann Dich beruhigen. Man benötigt in der Regel nicht mehr als 100,- oder 200,-€ um mit dem

Geschäft beginnen zu können. Und dieses Budget wird hergenommen um seinen eigenen Verbrauch auszusuchen. Und alles natürlich mit 30 tägigem Rückgaberecht. Wo gibt's schon ein Geschäft auf Probe.

Je nach Sparte und Geschäft zahlen die Firmen bis zu 60% an ihre Geschäftspartner gestaffelt aus. Wenn man bedenkt, dass diese 60% normalerweise für Ladenmiete, Werbung, Groß- und Zwischenhandel und sonstige Unkosten drauf gehen, ist das doch eine sehr gerechte und ansprechende Art der Verteilung an die Partner.

Aber eines möchte ich nochmal ganz klar vorwegnehmen,

denn ich merke schon wie Deine Augen immer größer werden. Network Marketing ist nichts für diejenigen, die glauben über Nacht reich werden zu können. Es steckt zwar sehr viel Potenzial drin und es eröffnen sich auch sehr viele Möglichkeiten, doch man muss erst säen, wenn man ernten will. Solltest Du doch daran festhalten wollen, dass man damit über Nacht reich werden kann, dann empfehle ich Dir echt nicht weiter zu lesen. Ich denke dann ist Network Marketing schlichtweg nichts für Dich. Gib dieses Heft einfach wieder an denjenigen zurück der Dir es gegeben hat oder gebe es an einen ernsthaft interessierten weiter.

Der Weg zum Erfolg führt durch ein schrittweises Aufbauen eines Konsumentennetzwerkes. Es ist eine ehrliche Geschäftsmöglichkeit mit welcher man sich intensiv auseinandersetzen und ein gewisses Maß an Geduld aufbringen muss um dies gut und strukturiert aufbauen zu können.

Ich möchte Dich auch nicht mehr länger auf die Folter spannen und die Frage beantworten, wie ich eigentlich ein Konsumentennetzwerk aufbaue.

Nur noch eine weiter Kleinigkeit. Berichtige mich, wenn ich falsch liege, aber Du hast doch sicher schon darüber nachgedacht wie viele Menschen Du eigentlich kennst

und wie viele Menschen Du in Dein Business bringen musst um richtig viel Kohle zu verdienen, stimmt's?

Aber STOP!! Kannst Du dich noch an den Anfang erinnern? Unsere Frage war doch wie man finanzielle Unabhängigkeit erreichen kann, oder nicht?

Apropos ich hätte da nochmal eine kleine Frage an Dich. Wie viele Menschen kennst Du, die ernsthaft an einer Möglichkeit interessiert wären, wie man sein Leben unabhängig bestimmen könnte ohne Tag ein Tag aus im

Stau stehen, um der gleichen stupiden Tätigkeit nachgehen zu müssen?

Jetzt stell Dir mal vor Du wärst in der Lage Personen für die Idee Network Marketing begeistern zu können, indem Du ihnen einfach nur dieses Heft oder andere Materialien / Hilfsmittel an die Hand gibst. Damit könnte Dir doch viel Aufwand erspart bleiben und Du müsstest nicht die ganze Zeit den „Erklärbären" spielen. Lasse Deine Hilfsmittel einfach für DICH arbeiten.

Nehmen wir mal an Du findest 4 Personen, die Du dafür begeisterst und die nicht ihr ganzes Leben lang für andere arbeiten wollen, was machst Du dann?

Ganz einfach, Du hilfst ihnen das gleiche zu tun wie Du! 4 ernsthafte Personen für Dein Geschäft zu begeistern. Keine Bange unser Team unterstützt Dich natürlich dabei. Wer weis, vielleicht begeisterst Du 10, 15 oder sogar noch mehr um wirklich interessierte Menschen zu finden.

Sobald Du aber diese ernsthaften Personen gefunden hast, dann hilf ihnen dabei das gleiche zu tun wie Du und das machst Du mit dem Nächsten und dem Nächsten ......

Bei näherer Betrachtung ergibt sich folgende Rechnung:

Sobald Du 4 Personen in Deiner ersten Linie hast:

4 x 4 = 16 Personen

Nochmal zum besseren Verständnis:

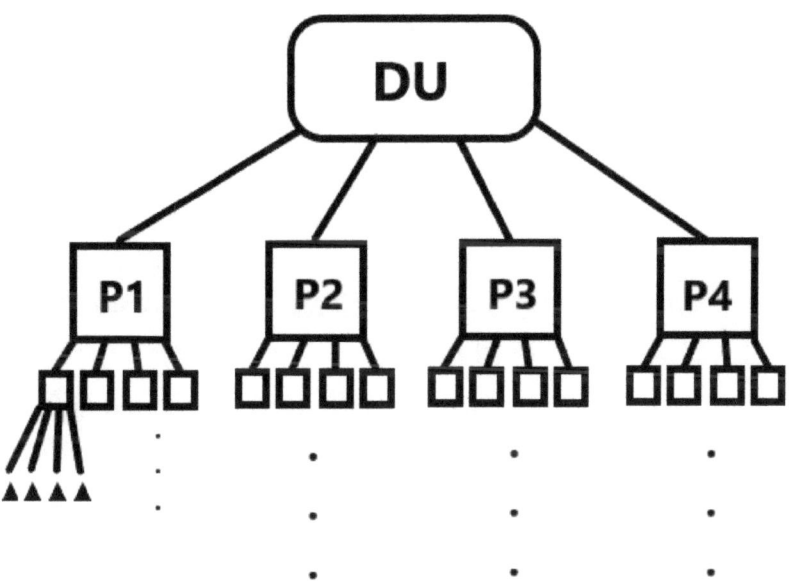

Du hast 4 Personen in direkter Linie und 16 Personen in zweiter Linie. Jetzt lehrst Du deinen 4 Personen, wie sie deren 4 ernsthaften Personen helfen können. Daraus ergibt sich dann:16 x 4 = 64 Personen auf der dritten Ebene

Hmm....wie lange braucht man nun um solch eine Organisation aufzubauen?

Nehmen wir mal an Du brauchst 2 Monate pro Ebene.

Also in den ersten zwei Monaten sponsorst Du 4 ernsthafte Personen. In den nächsten beiden Monaten hilfst Du deinen Leuten das gleiche zu tun. Und Schwubb di Wubb hast Du 64 Personen auf dritter Ebene.

Wir haben ja mal gesagt, dass normalerweise Jeder Freunde und Bekannte hat, die mit Network Marketing so gut wie gar nichts am Hut haben und damit arbeiten möchten, aber dennoch Produkte kaufen wollen. Denken wir mal weiter. Jeder von denen hat auch mindestens 5 Bekannte, Freunde, Verwandte und Kollegen, die auch regelmäßig Produkte mitbestellen.

Bleiben wir mal bei unseren 5 Personen von gerade und rechnen einfachhalber nur mal mit 4:

Wir haben ja unsere 64 Geschäftspartner und jeder von ihnen hat 4 Mitbesteller. Ergo:

$$64 \times 4 = 256 \text{ Personen, die Produkte kaufen}$$

Wir haben nun 256 Personen plus unsere Geschäftspartner, die Produkte kaufen.

$$256 + 64 = 320 \text{ Kunden}$$

Zusammenfassung:	64 Geschäftspartner
	x 4 Freunde
	= 256 Mitbesteller
	+ 64 Geschäftspartner
	= 320 Kunden gesamt

Schauen wir uns mal den groben monatlichen Umsatz etwas genauer an. Da es sich bei unseren Produkten ja um sog. Verbrauchsprodukte handelt, vorzugsweise Pflegeprodukte und Nahrungsergänzungsmittel, die in jedem Badezimmer stehen und jeder bewusste Haushalt nutzen sollte, werden diese auch monatlich nachbestellt.

Gehen wir mal von einem durchschnittlichem Einkaufswert von 50€ aus. Wir erhalten folgendes Ergebnis:

320 x 50€ = 16000€

Daraus ergibt sich im Monat, abzüglich aller Kosten und Steuern, in etwa ein zusätzliches Einkommen von etwa 3000€. Aber bedenke, da sind noch keine Boni oder Provisionen dazu addiert. Somit liegt der monatliche Verdienst um einiges höher.

Die entscheidende Frage ist aber:

Ist dieses Konzept eine Chance für jemanden, den Du persönlich kennst? Eine Chance wie man sich innerhalb von 6 Monaten ein zusätzliches Einkommen von rund 3000€ aufbauen kann? Und das alles nur mit einem Zeitaufwand von ein paar Stunden pro Woche. JA genau. Ein paar Stunden pro Woche. Würdest Du dir die Zeit dafür nehmen?

Was würden jetzt unsere Kritiker dazu sagen? „Was ist, wenn es nicht funktioniert?"

Gegenfrage: „Was wäre, wenn es länger dauern würde, z.B. ein Jahr? Wäre es dann den Aufwand wert?"

Vielleicht sollte ich an dieser Stelle nochmals erwähnen, dass Du bereits an der ersten Bestellung der 4 Personen, die in dieses Geschäft einsteigen, und an deren Umsätzen verdienst.

Der hohe Verdienst im Network Marketing bildet sich allerdings nur durch den Aufbau eines Konsumentennetzwerks. Da ist ganz viel Luft nach oben, denn die Möglichkeiten sind nahezu unbegrenzt.

Das was ich Dir bis jetzt erzählt habe, war der Versuch Network Marketing auf einfache Art zu erklären. Wie schon erwähnt sind die Verdienstmöglichkeiten weitaus lukrativer als Du es dir momentan vorstellen kannst. Sobald Du drei Ebenen aufgebaut hast, kann man von

einer stabilen Organisation sprechen. Dann bist Du frei und kannst neue ernsthafte Leute finden, die daran interessiert sind ihr Leben selbst bestimmen zu können.

Zerbrich Dir nicht den Kopf mit der Frage: „Wen soll ich als nächstes ansprechen?" Triff vielmehr eine Auswahl. Beschäftige dich lieber damit, wem Du finanzielle Unabhängigkeit bieten möchtest. Klingt doch aufregend, Leute auswählen zu können, oder nicht?!

Wenn Du das verinnerlicht und verstanden hast besitzt Du eine unglaubliche Macht. Du hast sicher bemerkt, dass ich davon spreche, eine Möglichkeit anzubieten – nicht etwa von Überreden oder gar darum zu betteln.

Ganz nebenbei: es ist sinnlos und totale Zeitverschwendung mit Leuten zu diskutieren denen man alles beweisen muss.

Alle, die dieses Buch gelesen haben, haben einen Einblick ins

Network Marketing und dessen Geschäftsmöglichkeiten erhalten können. Sollten diese Menschen weiteres Interesse bekunden, dann kann man mit weiteren Informationen diese bei ihrer Entscheidungsfindung unterstützen.

Das allerwichtigste ist, zuverlässige Leute zu haben, die ernsthaft aus ihrem Leben mehr machen wollen und nicht diejenigen die ständig nach der imaginären „Bombe"

oder dem sog. „Haken" suchen.

Also ich kann mit ruhigem Gewissen sagen, dass der einzige „Haken" der ist, dass man fair und nur für erbrachte Leistung bezahlt wird. That's it.

Was glaubst Du, wie viele ernsthafte Leute könntest Du pro Monat wohl sponsern? Also ins Geschäft bringen. 2, 4, 5 oder sogar mehr?

Sollte Dich jetzt der Ehrgeiz packen und Du glaubst Du musst 6, 8 oder 10 oder noch mehr sponsern, dann entspann dich wieder. So hart musst Du gar nicht an die Sache rangehen.

Ich verrate Dir jetzt nämlich ein Geheimnis. **EINER** pro Monat und Du wirst reich!

Vorausgesetzt Du achtest darauf den **EINEN** zu halten und ihn dabei zu unterstützen in die Tiefe gehen zu können.

Machen wir an dieser Stelle nochmal eine kleine Rechnung auf. Bleiben wir dabei, dass **EINER** pro Monat wirklich reicht. Ich glaube nämlich ernsthaft, dass Du innerhalb von 30 Tagen eine ernsthafte Person, mit unserer Unterstützung und nachdem Du dieses Buch gelesen hast, sponsern kannst.

Denk dran, von nichts kommt nichts! Wenn Du selber nichts machst, wie willst Du es dann von anderen erwarten? Die Seriosität und Ernsthaftigkeit wären somit nicht mehr gegeben!

Zurück zu unserer Rechnung:

Wenn wir von unseren Zahlen vereinfacht ausgehen, dann müsstest Du etwa nach 12 Monaten 4095 Geschäftspartner haben. Was passiert, wenn jeder wiederum nur 4 Mitbesteller hat?

Network Marketing basiert auf dem Prinzip des Duplizierens. Selbst wenn jeder pro Monat nur einen sponsert, sprechen die Zahlen schon eine ganz deutliche Sprache:

4095 Partner : 2 = 2047 Partner

8 Mitbesteller : 2 = 4 Mitbesteler

80€ Umsatz : 2 = 40€ Umsatz

→ 2047 Partner x 4 Mitbesteller x 40€ Umsatz

→ **327520 € Umsatz pro Monat**

Bei einem solch großen Umsatz ist ein Verdienst von etwa 30000 € locker drin.

Erkläre jedem Deiner Partner diese Tabelle und gib sie weiter !!

	Du schulst im 1. Monat	Du schulst im 2. Monat	Du schulst im 3. Monat	Du schulst im 4. Monat	Du schulst im 5. Monat	Du schulst im 6. Monat	Du schulst im 7. Monat	Du schulst im 8. Monat	Du schulst im 9. Monat	Du schulst im 10. Monat	Du schulst im 11. Monat	Du schulst im 12. Monat
	1 Person	1 Person	1 Person	1 Person	1 Person	1 Person	1 Person	1 Person	1 Person	1 Person	1 Person	1 Person
1. Ebene	1	2	3	4	5	6	7	8	9	10	11	12
2. Ebene		1	3	6	10	15	21	28	36	45	55	66
3. Ebene			1	4	10	20	35	56	84	120	165	220
4. Ebene				1	5	15	35	70	126	210	330	495
5. Ebene					1	6	21	56	126	252	462	792
6. Ebene						1	7	28	84	210	462	924
7. Ebene							1	8	36	120	330	792
8. Ebene								1	9	45	165	495
9. Ebene									1	10	55	220
10. Ebene										1	11	66
11. Ebene											1	12
12. Ebene												1
Gesamt:	1	3	7	15	31	63	127	255	511	1023	2047	4095

Kommen wir zum nächsten Punkt. Im Network Marketing gibt es im Groben zwei Arten von Menschen. Die *Verkäufertypen* und die *Nicht-Verkäufertypen.*

In einer dieser zwei Gruppen wirst auch Du dich wiederfinden.

Beinahe alle Nicht-Verkäufertypen wissen nicht, dass es im Network Marketing nicht ums Verkaufen geht um viel Geld verdienen zu können. Ich meine damit von Tür zu Tür zu gehen, Klingeln zu putzen und fremde Menschen davon zu überzeugen einem was abzukaufen. Und dennoch „verkaufen" wir im Network Marketing trotzdem alle etwas. Nämlich unsere Erfahrungen über unsere Produkte und die Produkte selbst. Und zwar denjenigen die an unserem Geschäft nicht interessiert sind. Wir bieten ihnen ganz einfach die Möglichkeit unsere Produkte mitbestellen zu können.

Warum hat jetzt genau der Nicht-Verkäufertyp im Network Marketing die besten Karten erfolgreich zu sein? Schauen wir uns das mal genauer an. Man kann grob sagen, dass etwa 95% der Bevölkerung Nicht-Verkäufertypen und nur 5% Verkäufertypen sind.

Wie schon zu Beginn erwähnt, ist Network Marketing eine Art und Weise Waren ohne Direktverkauf zu bewegen. Und das funktioniert am besten, wenn viele Leute ein wenig was tun.

Wo würdest Du jetzt diese vielen Leute finden? In der 5% oder 95% Gruppe? Was glaubst Du wohl mit welchen Leuten aus welcher Gruppe Du mehr zu tun hast?

Wenn ich schon so blöd frage, dann liegt die Antwort doch auf der Hand. Ganz klar mit den Nicht-Verkäufertypen, also den 95%. Aber irgendwie, das weis nur Gott allein, halten die, die dieses Geschäft betrieben, immer Ausschau nach Verkäufertypen. Und da ist der Hund begraben. Das ist einer der Hauptgründe warum die meisten scheitern. Alle balzen um diese 5%. Verstehst Du was ich damit sagen will?

In den meisten Fällen ist es aber so, dass ein Nicht-Verkäufertyp einen Nicht-Verkäufertyp sponsern möchte. Dadurch entsteht, eine gewisse Eigendynamik und Motivation. So nach dem Motto: „Wenn der das kann, dann kann ich das auch!"

Es wird auch ein Verkäufertyp versuchen einen Nicht-Verkäufertypen sponsern zu wollen. Dieser wird dann mit großer Wahrscheinlichkeit sagen: „Schon klar, dass Du das kannst. Du kannst ja auch verkaufen!"

Ein weiteres Augenmerk solltest Du auch auf die Kleidung werfen, die Du trägst. Du glaubst bestimmt, dass Du einen Anzug, ein Kostüm oder sonst was tragen musst um erfolgreich zu sein. Den Zahn kann ich Dir ziehen. Das brauchst Du nicht. Ich erklär 's Dir:

Stell Dir folgendes Szenario vor:

Ein Top gestylter Mann im 3-Teiler versucht eine Frau (Nicht-Verkäufertyp) mit lässigem Look Network Marketing zu erklären um sie zu sponsern. Der typ im Anzug sieht doch auf den ersten Blick aus wie ein Verkäufer oder Vertreter. Und genau deswegen wird sich die Frau dagegen entscheiden. Der Grund ist ganz einfach. Sich kann sich diese teuren Klamotten einfach nicht leisten. Sie glaubt, dass sie sich genau so stylen muss um überhaupt ins Geschäft einsteigen zu können.

Irgendwann wirst auch Du auf einen Verkäufertypen treffen. Es wird verdammt schwierig werden jemandem etwas erklären zu wollen, der davon überzeugt ist, selbst schon alles zu wissen.

Dir muss aber klar sein, dass er nicht alles wissen kann. Um dies ganz klar sicherstellen zu können, frag ihn einfach ob er bereit ist mehr als 5000€ monatlich zu verdienen.

Bedenke aber, es ist gut möglich, dass ein sehr guter Verkäufer bereits so viel oder sogar noch mehr verdient. Aber der entscheidende Unterschied zwischen Network Marketing und dem Verkauf ist:

Ein Networker wird, nachdem er sich zuvor entsprechend engagiert hat, bereits am Morgen nachdem er die Augen geöffnet hat bezahlt und dafür müsste er noch nicht mal aus dem Bett raus.

Du kannst ja deinem Verkäufertypen mal folgendes sagen: „Wenn Du nicht den Rest Deines Lebens damit verbringen willst Kunden zu besuchen um ihnen etwas verkaufen zu wollen, dann versuch es doch mal mit Network Marketing."

Leih ihm doch einfach dieses Buch. Es kann dich bei deiner Arbeit unterstützen.

Wenn er es ganz gelesen, Network Marketing verstanden und auch noch an der Geschäftsidee ernsthaft interessiert ist, dann hat er eine 100%ige Chance auch im Network Marketing erfolgreich zu sein.

Wenn es ihn nicht die Bohne interessiert, dann sieh zu, dass Du dein Buch wieder zurückbekommst und gib es einfach an den nächsten weiter. Du hast bestimmt schon gemerkt, dass im Grunde jeder geeignet ist dieses Geschäft erfolgreich betreiben zu können.

Das entscheidende ist nur, dass Du lernen musst was genau zu tun ist.

Die erfolgreichsten im Network Marketing sind die, die ihr Wissen gut und gerne weitergeben. Der Kernpunkt ist, dass Du Leute brauchst, die wirklich an ihrem Leben etwas ändern wollen.

Es sei denn dieser jemand hat keine Wünsche mehr und

will unter keinen Umständen seinen langweiligen Job aufgeben um für den Rest seines Lebens für andere zu schuften um diese noch reicher zu machen. Solche Leute sind für Network Marketing einfach nicht geeignet. Punkt.

Kannst Du dich noch an die 95% von vorhin erinnern? Die 95% Nicht-Verkäufertypen? Wenn Du so jemandem als erstes ein Produkt empfiehlst um später einen zufriedenen Kunden zu sponsern, dann wirst Du sicherlich Probleme damit bekommen.

Warum drehst Du den Spieß nicht einfach um?

Lasse Deinen Umsatz auf Grund dieser Basis entstehen:

Stelle Network Marketing vor und biete denjenigen, die nicht ins Network Marketing einsteigen wollen, die Produkte dann an.

Aus Erfahrung versuchen es die meisten Geschäftspartner genau anders herum. Sie versuchen mit aller Gewalt ihre Organisation durch Empfehlung der Produkte aufzubauen.

Das ist absolut falsch!

Arbeite mit folgendem Schema:

Jeder, ganz egal warum, er **NICHT** ins Geschäft einsteigen will, ihm bietest Du die Produkte Deiner Firma an. Am Anfang werden es vielleicht nur wenige Mitbesteller sein, doch mit der Zeit werden es nach und nach mehr.

Jetzt kommt sicherlich gleich der eine oder andere auf die glorreiche Idee: „sponsern, sponsern sponsern ...."

Vom Prinzip her nicht schlecht, aber trotzdem die falsche Denkweise.

Ich versuche im Folgenden Dir jetzt zu zeigen, warum es klüger ist lieber 10 normale, also Nicht-Verkäufertypen, zu sponsern als 10 Verkäufertypen.

Viele denken, dass wenn sie jemanden gesponsert haben, sie sich auch im gleichen Atemzug dupliziert haben. Klingt logisch, ist es aber nicht. Du fragst dich sicher warum. Ganz einfach. In der Regel ist es so, dass wenn der Sponsor geht, dann geht auch der neue Geschäftspartner oder zumindest lässt seine Aktivität extrem nach.

Pack dich doch mal an deiner eigenen Nase. Wenn dein Sponsor aufhören würde, dann wirst Du doch als Geschäftspartner auch denken, dass das Geschäft für dich auch nicht funktionieren wird. Denn der, „der weis wie man es macht", hatte ja schließlich auch keinen Erfolg.

Deshalb ist es extrem wichtig, dass Du deinen Leuten von Anfang an hilfst und sie unterstützt. Das ist das Geheimnis. Der Schlüssel zum Erfolg dieses Geschäfts.

Merke dir:

Bleibe solange an ernsthaft interessierten Personen dran, bis sie selbst mindestens 3 Ebenen aufgebaut haben. Nur wenn Du dir das einprägst und verinnerlichst, dann trägst Du auch den Schlüssel zum Erfolg im Network Marketing in Deinen Händen. Ich kann's nur nochmal wiederholen. Du musst 3 Ebenen aufbauen, erst dann kannst Du dich um neue Mitarbeiter kümmern. Nur so wird dein Geschäft stetig weiterwachsen.

Nur wenn Du deine Leute von der ersten Minute an richtig unterstützt, haben tragen sie so viel Feuer in sich, um lange und begeistert aktiv zu bleiben.

Es gibt auch wieder die Neunmalklugen, die sich für besonders schlau halten und glauben, sie könnten mit 20, 30 oder sogar noch mehr Geschäftspartnern zusammen zu arbeiten. Glaubst Du wirklich das geht gut? Denk doch mal an Großkonzerne oder die Bundeswehr. Bleiben wir mal bei der Bundeswehr. Im günstigsten Fall gibt es, bis auf wenige Ausnahmen, vom einfachen Gefreiten bis zum höchstdekorierten General niemanden, der mehr als 5 oder bis maximal 10 Leute beaufsichtigen soll. Ein paar hundert Jahre Erfahrung im Militärwesen haben gezeigt,

dass die beste Form in der Zusammenarbeit mit 5 bis maximal 10 Personen liegt.

Wenn also unsere sog. „Profis" glauben, dass sie mit 30 oder mehr Personen zusammenarbeiten können, dann sind sie einfach schief gewickelt. Sie können es eben nicht.

Natürlich kann es auch vorkommen, dass deine wirklich interessierten Geschäftspartner nicht immer in direkter Linie zu dir sind, sondern auch mal in zweiter, dritter …

Und wie Du genau diese erkennen kannst, zeige ich Dir im nächsten Abschnitt.

Zunächst mal legen wir nochmal drei Gruppen an Menschen im Network Marketing fest:

1. Nicht ernsthafte Geschäftspartner
2. Neue Geschäftspartner
3. Ernsthafte Geschäftspartner

Der nächste Abschnitt soll dir nochmal verdeutlichen, wie wichtig es ist in die Tiefe zu arbeiten und nicht in die Breite.

Also die erste Gruppe beinhaltet die, die schon lange im Geschäft sind aber kein reges Interesse am Aufbau der Organisation haben. Das sind eher die Pessimisten bei

denen Du regelmäßig den „Leierkasten" schwingen und permanent Überzeugungsarbeit leisten musst. Ich kenne viele, die versuchen mit diesen Leuten zu arbeiten und sie permanent motivieren und antreiben. Es hat genau so viel Potenzial wie ein Auto ohne Motor zum Laufen zu bringen.

Aber nur bis Du diesen Abschnitt gelesen hast.

Das sind genau die Leute, die sagen, dass sie keine Zeit haben oder es sich nicht leisten können loszulegen. Das sind die nicht ernsthaften die mit ein paar verdienten Kröten zufrieden sind. Das ist schon OK und es spricht auch nichts dagegen, aber beschränke deine Zeit auf die andere Personengruppe. Denn wenn Du mich fragst, kann es sich keiner leisten nicht aktiv zu sein. Vorausgesetzt Du willst nicht bis an dein Lebensende für andere arbeiten.

Wie denkst Du darüber?

Das macht die Sache doch so spannend. Du hast die Chance mit anderen Menschen zu reden und kannst ihnen eine Möglichkeit vermitteln, dass sie nicht bis zur Rente schuften müssen um im Anschluss dann für Lau leben zu müssen.

In der zweiten Gruppe sind die Neuen. Sie sind soweit aktiv, schlafen aber ab und an ein. Diese sind auch am

wenigsten negativ eingestellt, aber keines Falls so engagiert wie die dritte Gruppe, nämlich die ernsthaften Geschäftspartner. Und genau nach diesen musst Du Ausschau halten. Das sind genau die, wo es sich wirklich lohnt mit ihnen zu arbeiten und sie zu unterstützen.

Aber wie erkennst Du jetzt genau diese Leute?

Das möchte ich Dir anhand von 7 Punkten vorstellen:

1. Ziele

Sie haben Wünsche und klare Vorstellungen und sie suchen eine echte Möglichkeit zur finanziellen Unabhängigkeit mit Hilfe dieses Geschäfts.

2. Ausdauer

Wer kein NEIN akzeptiere kann, der ist im Network Marketing fehl am Platz. Nur ein ernsthafter Geschäftspartner weis genau, dass nicht jeder seine Chance erkennen wird und darauf eingestellt ist.

3. Lernbereitschaft

Er fragt dir ein Loch in den Bauch, hat dieses Buch mit hoher Wahrscheinlichkeit schon mehrmals gelesen nachdem er es sich gekauft hat oder Du es ihm geliehen hast. Er will so viel wie möglich über die Produkte und das Geschäft lernen.

4. Total begeistert

Er versteht und weis genau so viel, dass Network Marketing die Chance seines Lebens ist. Er ist sich auch dessen im Klaren, dass sein Erfolg ganz alleine von ihm selbst abhängt.

5. Bereitschaft zur Pflicht

Er probiert alles aus und nutzt selbstverständlich die Produkte konsequent für sich selbst. Er ist in ständigem Kontakt zu seinen Leuten, arbeitet frequentiert und organisiert. Vielleicht sogar nach einem Plan.

6. positive Einstellung

Das hat doch was. Jeder umgibt sich gerne mit positiven Menschen und ist auch gerne mit ihnen zusammen. Er freut sich über einen Besuch oder Anruf, was man von einem nicht-ernsthaften Geschäftspartner wohl eher nicht behaupten kann.

Der 7. Und letzte Punkt ist sehr sehr wichtig!

7. Selbständigkeit

Er ist sehr gut organisiert, freut sich über jede Unterstützung die Du ihm bietest und nutzt diese natürlich auch. Er denkt nicht ans Aufgeben, stattdessen ruft er Dich an, wenn er Hilfe braucht. Genau mit diesen ernsthaften Leuten solltest Du zusammenarbeiten. Die Nicht-Ernsthaften rauben Dir nur wertvolle Zeit und Energie.

Alles schön und gut, doch wie findest Du diese nun in deiner Organisation?

Spielen wir mal wieder ein kleines Szenario durch.

Du hast einen neuen Geschäftspartner gesponsert. Nennen wir sie Carmen. Genau wie JEDER, hat auch

Carmen mindestens einen Freund. Unser Ziel ist es so schnell es geht in die Tiefe zu arbeiten. Wir helfen also Carmen dabei Matteo zu sponsern.

Nachdem wir das haben, machen wir uns mit Matteo bekannt und helfen ihm gemeinsam mit Carmen Lena zu sponsern. Lena ist in unserem Beispiel wirklich ernsthaft. Und nun helfen wir Lena einige zu sponsern.

Genau an dieser Stelle möchte ich kurz unterbrechen um Dir zu sagen, dass Du nicht zu den Nicht-Ernsthaften gehörst. Denn wenn doch, dann hättest Du niemals soweit gelesen wie bis hierher. Echt Klasse! Mach weiter so!

Was passiert nun, wenn Lena Gas gibt?

Ein sehr berühmter Motivationstrainer sagt, dass man jemanden besser mit einer Kerze unter dem Hinter motivieren kann, als mit einem Flammenwerfer über seinem Kopf.

Schauen wir mal was noch passiert. Du hilfst Lena neue Leute zu sponsern.

Um Matteo zu motivieren, brauchst Du nicht mehr tun, als ihn anzurufen und ihm mitteilen, dass Lena neue Leute gesponsert hat. Matteo denkt nun mit großer Wahrscheinlichkeit, dass Lena ihm karrieretechnisch davonzieht, es ei denn er unternimmt etwas und wird

selbst aktiv.

Dann rufst Du Carmen an und erzählst ihr, dass Matteo wieder voll aktiv ist. Verstehst Du das Konzept? Genau so wie warme Luft, steigt auch die Motivation nach oben.

Unter keinen Umständen, vergiss das bitte NIE, darfst Du einen Geschäftspartner kontaktieren und ihn nach dem Umsatz fragen oder wie viele Leute er gesponsert hat. Er würde denken, dass Du ihn nur kontaktierst um zu erfahren wie viel Geld Du durch ihn verdienst. Frage Lieber nach, ob Du ihm helfen kannst. Es ist wichtig, jeder muss wissen, dass Du bist da und schaust ob es für Dich etwas zu tun gibt. Keinesfalls um sie zu kontrollieren.

Zeitdruck und Hektik sind in diesem Geschäft fehl am Platz. Nur Du allein bestimmst Wo, Wann, mit Wem und Wie viel. Im Network Marketing bist Du dein eigener Boss. Niemand kontrolliert Dich oder schreibt Dir irgendetwas vor.

Jetzt werde ich Dir noch etwas ganz Wichtiges verraten. Jeder der in diesem Geschäft an der Spitze ist handelt nach 4 Prinzipien. Nun pass gut auf, denn diese 4 Dinge sind von entscheidender Bedeutung.

Punkt 1: Benutze deine Produkte!

Sei Du selbst dein bester Kunde. Es ist doch viel leichter die Produkte mit Leuten zu teilen, wenn man eigen Erfahrungen gemacht hat und daraus auch schöpfen kann. Ein Gedanke spielt dabei eine wichtige Rolle:

„Ich finde meine Produkte gut und genau deswegen empfehle ich sie auch gerne weiter."

Punkt 2: Sponsern

Versuche ernsthafte und interessierte Personen in dein Geschäft zu sponsern. Vergiss nicht, durch den Einkauf deiner Geschäftspartner verdienst Du auch Geld. Wie das Ganze etwas einfacher von Statten geht erfährst Du im nächsten Abschnitt.

Punkt 3: Dupliziere Dich

Ich habe es schon mal erwähnt, aber ich kann es nicht oft genug sagen. Hilf Deinen Leuten aktiv beim Organisations-aufbau. Steh mit Rat und Tat zur Seite. Baue selbst mindestens 3 Ebenen auf bevor Du dich neuen Leuten widmest und sie sponserst. Nur das bringt Kontinuität und Stabilität in deiner Organisation. Durch dieses Vervielfältigen wächst Deine Gruppe an und somit

auch der Umsatz der Gruppe. Nur so verdienst Du langfristig und am meisten.

Punkt 4: Bedienung von Mitbestellern

Du wirst feststellen, dass mit der Zeit mehr und mehr Mitbesteller ihren Weg zu Dir finden werden. Denk dran, dass Du auch durch diese Kunden einen Verdienst erhältst.

Ich hoffe Du konntest den Braten bis jetzt schon riechen. Alles was Du in diesem Geschäft unternimmst führt zwangsläufig zu Geld.

Ich denke ich habe Dir bis jetzt genug darüber erzählt, was Du tun musst um eine erfolgreiche Organisation aufzubauen. Als nächstes möchte ich Dir ein Konzept zeigen, wie Du effektiv jemanden sponsern kannst. Ich nenne es das **mAmA** – Prinzip.

m = minimaler

A = Aufwand

m = maximale

A = Ausbeute

Ganz einfach **mAmA**

Schauen wir uns das Ganze wieder an einem Beispiel an.

Du möchtest jemanden sponsern. Was tust Du? Du musst einen Termin ausmachen, das Geschäft erklären, die Firma und die Produkte vorstellen etc. Das wäre doch ein riesiger Aufwand und würde locker einige Stunden in Anspruch nehmen, damit Dein Interessent alles verstanden hat, oder? Ich weis viele machen das, aber von minimal kann doch da nicht die Rede sein. Eher hart statt smart.

Deshalb das **mAmA**-Prinzip. Damit wird Deine Person genau so erfolgreich sein wie Du, nur mit minimalem Aufwand. Es klappt hier bei Dir, in Deiner Nachbarschaft oder all over the world 1000e Kilometer entfernt.

Bevor ich weitermache denk mal kurz darüber nach wie viel Menschen Du kennst, die weiter weg wohnen. Nehmen wir mal an Du hast einen Freund oder eine Bekannte auf Mallorca und Du möchtest ihn sponsern. Das wäre doch echt verdammt kostspielig und teuer, wenn Du dahin fahren müsstest um ihm in einem Termin das Geschäft zu erklären. Auch am Telefon würde es Dich immens viel Zeit kosten. Aber mit dem **mAmA**-Prinzip kannst Du viel Zeit sparen und Vieles von zu Hause aus managen.

Na schon neugierig? Soll ich weitermachen? OK, OK… lange genug auf die Folter gespannt. Ich versuche das Prinzip in 4 einfachen Schritten zu erklären.

Schritt 1:

Du musst das Interesse der Person wecken und diese so richtig neugierig machen.

Du fragst Dich wie? Ganz einfach.

Stell Dir vor Du unterhältst Dich mit einem Freund in einem Café. Am Ende eurer Unterhaltung stellst Du die alles entscheidende Frage, aber wirklich erst am Ende, ansonsten wird Dich dein Freund mit Fragen bombardieren und e wird verdammt schwierig aus der

Nummer mit den passenden Antworten wieder raus zu kommen.

Stell ihm folgende Frage:

„Hast Du jemals darüber nachgedacht, was es für Dich bedeuten würde, wenn Du dein Leben selbst bestimmen könntest?"

Normalerweise kommt als erstes nichts, als eine längere Pause und Fragezeichen über seinem Kopf, weil er sich nicht genau sicher ist, was Du eigentlich damit meinst.

Dann frage noch folgendes hinzu:

„Wenn Du von deinem Tag die Zeit für Arbeiten, Einkaufen, Schlafen und sonstige Verpflichtungen abziehst, dann bleiben Dir doch nicht mehr als gerademal 2 – 3 Stunden, wenn überhaupt, übrig, wo Du wirklich tun und lassen kannst was Du willst. Und selbst dann nicht,

weil Dir das nötige Kleingeld dazu fehlt."

Lass nicht locker und mach weiter:

„Ich habe eine Möglichkeit gefunden, wie man diese Ziele erreichen kann. Mit einem Geschäft von zu Hause aus. Ich habe ein Prinzip, das so einfach ist, dass es jeder schafft. Falls es Dich interessiert, dann lass ich Dir gerne die Informationen zukommen."

Welche Antworten könntest Du nun darauf bekommen?

Er könnte sagen: „Also ich bin eigentlich nicht daran interessiert, weil wie Du weißt, liebe ich mein eintöniges und langweiliges Leben. Ich leibe es zu arbeiten bis ich tot umfalle."

Du: „Wie sieht es aus, wenn Du dir deinen Traumwagen leisten könntest?"

Freund: „Solche Autos sind viel zu gefährlich und fressen nur unnötig Sprit!"

Du: „Wenn Du überall hinreisen könntest, ganz egal wohin du willst."

Freund: „Die ganze Kriminalität im Ausland. Und dann noch diese Flugzeugabstürze."

Gib nicht auf: „5000 – 10000€ monatlich dazu verdienen. Wäre das nichts?"

Freund: „Noch mehr Steuern zahlen? Puh. Nö. Ich muss unserer Regierung nicht noch mehr Geld in den Rachen werfen."

Letzter Versuch: „Was wäre, wenn Du eine Yacht besitzen könntest?"

Freund: „Eine Yacht?! Echt jetzt?! Mir wird schon schlecht, wenn ich nur an den Seegang denke."

Du siehst wohin das alles geführt hat. Es gibt einfach Leute, die haben sich mit ihrem Leben und ihrer Situation Ein für Alle Mal abgefunden. Die schönen Dinge des Lebens sind für andere bestimmt, aber nicht für sie selbst.

Du kannst tun was Du willst, wenn Du mit so jemandem redest, es wird ihn nicht interessieren. Jetzt mal anders rum. Was könnte Dein Freund sagen was wesentlich wahrscheinlicher wäre?

z.B.: „Hey, Wow. Klar interessiert mich das. Schick mir deine Infos, ich will echt wissen was Du da treibst."

Du musst lernen, nachdem Du jemandem diese Frage gestellt hast, einfach den Mund zu halten. Je mehr dein Interessent redet, umso besser stehen deine Chancen. Sei doch ehrlich, je länger dein Gegenüber redet, umso weniger Fragen musst Du beantworten.

Vielleicht sagt er auch nur: „Hey Cool" oder „Das wäre super". Wiederhole die Frage nochmal und greif seine Antwort auf. „Klar, dass das toll wäre, aber was würdest

Du tun?"

An dieser Stelle wird er sicher mit einigen Dingen rausrücken. Vielleicht wird er Dich auch fragen, warum Du ihn das frägst. Darauf antwortest Du nur: „Ich habe da eine Möglichkeit gefunden..."

Hast Du verstanden wie einfach das ist? Wir haben wirklich nur ein paar Minuten gebraucht um jemanden neugierig zu machen.

Minimaler Aufwand, maximale Ausbeute!

Du kannst die Fragen natürlich auch jemandem am Telefon stellen.

Wenn Du jemandem diese Frage stellst, dann kann es sein, dass sie einschlägt wie eine Bombe.

Warum? Ganz einfach. Du musst Dir nur mal anschauen, wie das Leben von 90% der Bevölkerung aussieht.

Der Tag fängt schon mal unangenehm an. Man steht auf, obwohl man vielleicht gar nicht will. Man geht ins Badezimmer obwohl man gar nicht will. Vielleicht auch noch zwischen 6 und 7 oder noch eher.

Man zieht seine Arbeitskleidung an, in der man sich vielleicht gar nicht wohl fühlt. Man steigt in sein Auto ein, das vielleicht auch noch Probleme macht und man damit zu einer Arbeit fährt, die wohlmöglich auch keinen Spaß macht. Und um alles perfekt zu machen steht man auch

noch im Stau bis dahin.

Wenn man dann nach dem täglichen Wahnsinn dort angekommen ist, trifft man wohlmöglich auch noch Kollegen, die einem so richtig auf den Zeiger gehen.

Zum Mittag trifft man dann seinen Chef, den man ebenfalls nicht leiden kann. Nach 8 Stunden harter Arbeit ist man dann endlich froh von da weg zu kommen um dann wieder im Feierabendverkehr so richtig eins drauf zu kriegen. Und falls man nicht nach Hause will, weil einem eh alles ankotzt, macht man noch einen Abstecher ins Café oder in eine Kneipe um auf andere Gedanken zu kommen.

Und das Ganze geht 24/7, 12 Monate und weitere 45 Jahre bis zur Rente. Erst dann hat man die Zeit um zu tun und lassen zu können was man will.

Aber auch da ist der Hund begraben, denn meistens reicht die Rente dann nicht, um sich das zu erfüllen, sondern gerade mal um überleben zu können.

So sieht es leider aus!

Verstehst Du jetzt, warum ich gesagt habe, dass der Satz einschlägt wie eine Bombe. Verstehst Du was Network Marketing für eine Chance bietet? Viele wollen dann mehr über diese Chance wissen wollen. Das bringt uns nämlich dann zu Schritt 2.

Schritt 2:

Der Interessent muss das Geschäft verstehen und lernen was zu tun ist. Die meisten, die dieses 4-Schritte System nicht kennen, neigen dazu ihren Interessenten die Firma, die Produkte und den Marketingplan sofort vorzustellen. Hier kann der Schuss erst recht nach hinten losgehen. Ich erkläre Dir auch warum, denn als aller erstes muss man erst wissen und verstehen, was Network Marketing eigentlich ist bevor man ins Geschäft einsteigt.

Ich möchte Dir das an Hand eines Beispiels nochmal verdeutlichen.

Nehmen wir einen Medizinstudenten. Dieser soll Dir nach Abschluss seines ersten Semesters die Mandeln herausoperieren. Ich gehe mal ganz stark davon aus, dass Du mit dem Ergebnis wohl eher weniger zufrieden sein wirst. Stimmt's? Wenn wir das jetzt auf unser Network Marketing übertragen, ist es das Gleiche. Man muss erst lernen was zu tun ist, bevor man startet. Bevor Du dich aber jetzt stundenlang hinsitzt um Deinen Interessenten beizubringen was Network Marketing ist, denke mal lieber darüber nach, wie Du viel effizienter vorgehen könntest.

Es liegt doch auf der Hand. GIB IHM DIESES BUCH!

Er kann sich in aller Ruhe zu Hause oder im Zug etc. damit auseinandersetzen. Und sollte er jetzt noch „on fire" mit entsprechenden Zielen sein, dann wird er geradezu dieses Buch verschlingen.

Und aus mehreren Stunden, werden plötzlich nur noch Minuten. Denn mal ehrlich, wenn Dein Interessent nach einem stundenlangem Berieseln Nein sagt, wäre das doch wohl sehr frustrierend.

Schritt 3:

Der dritte Schritt ist relativ einfach. Du musst nur nach einigen Tagen nachfassen und Deinen Interessenten fragen, was ihm am besten gefallen hat. Aber warte lieber 3 – 5 Tage damit.

Hattest Du jemals einen Stein im Schuh? Weist Du noch wie unangenehm das war? Ähnlich ist es mit Deinen Interessenten. Er liest ein paar Abschnitte und legt es wieder zur Seite. Am nächsten Tag geht er wieder zur Arbeit. Er erinnert sich mit Sicherheit daran, was er gelesen hat.

Abends wird er wieder weiterlesen. Am nächsten Tag........Er wird sich wieder erinnern. Je länger der Stein also im Schuh ist, desto unangenehmer wird es.

Was passiert aber, wenn der Stein erst so richtig drückt? Er wird den Schuh ausziehen und den Stein herausholen. Denn Dein Interessent wird es zu Ende lesen oder wenn

er noch keine Zeit zum Lesen hatte es wenigstens mal aufschlagen. Und genau das ist der Effekt den wir erreichen wollen.

Wenn dein Interessent Dich anruft oder Du ihn, dann vergewissere Dich dringlichst, dass er Network Marketing verstanden hat bevor Du zum 4. und letzten Schritt übergehst. Vielleicht hat er ja ein paar Fragen zum Thema Network Marketing, die Du am Telefon oder per WhatsApp beantworten kannst. Solltest Du eine Frage nicht gleich beantworten können, dann frag einfach Deinen Sponsor, dass er Dir mit Rat und Tat zur Seite steht.

In diesem Schritt wirst Du auch erkennen, ob es wirklich ein ernsthaft interessierter Geschäftspartner oder nur ein potenzieller Mitbesteller ist. Sollte er kein reges Interesse am Network Marketing vorbringen, dann stelle ihm die Produkte vor. Vielleicht möchte er ja lieber hochwertige Produkte bei Dir vergünstigt mitbestellen.

Sollte der Interessent jedoch ins Geschäft einsteigen wollen, dann geh zu Schritt 4 über.

Schritt 4:

Erst jetzt, stellst Du ihm die Firma, die Produkte und das Provisionssystem vor. Jetzt kannst Du deine ganzen

Hilfsmittel raushauen. (Zoom, Webinare, CDs, DVDs etc.) und erklär worauf es ankommt. Lass ihn es auch wissen, dass nicht er für Dich arbeitet, sondern, dass Du mit deinem gesamten Wissen ihm jederzeit mit Rat und Tat zur Seite stehst.

Das wären jetzt die 4 Schritte. Klingt doch easy oder?

Ist es auch.

Na schon begeistert?

Und wann beginnst Du mit dem Aufbau deines eigenen Netzwerks?

Oder wenn Du schon im Network Marketing tätig bist, wann beginnst Du effizient zu arbeiten?

Zum Schluss möchte ich Dir noch einen heißen Tipp mit auf den Weg geben, aber psssst!

Hier möchte ich Dir zeigen, wie Du deine Upline für Dich arbeiten lässt. (Upline = alle Leute, die über Dir stehen)

Du lässt Dir von deinem Sponsor die Kontaktdaten deiner Upline geben. Such Dir ein paar aus und mach dich mit ihnen bekannt. Stelle Fragen, finde heraus wie sie arbeiten und lass Dir Tipps geben! Bleib auf alle Fälle mit ihnen in Kontakt, denn das sind die, die Dir mit deinem gesponserten Interessenten helfen können, indem Du die Kontaktdaten Deiner Upline an sie weitergibst. Er kann

sich dann auch jederzeit mit Fragen an sie wenden. Für deine Geschäftspartner ist es besser, wenn sie mehrere Ansprechpartner haben. Solltest Du mal nicht zugegen oder im Urlaub sein, dann kann deine Upline helfen und einspringen, falls Probleme auftreten sollten.

Hast Du das System jetzt verstanden?

Haben deine Geschäftspartner dieses System verstanden und können es selbst durchführen?

Erinnerst Du dich an unser 4 x 4 = 16?

Jeder ernsthaft interessierte wird in Kontakt zu Dir treten, die nicht-interessierten halt nicht. Am Anfang wird es sich in Grenzen halten, doch dann…

Mach Dir nicht ins Hemd. Es werden Dich deine Geschäftspartner nicht den ganzen Tag anrufen und belagern. Aber bald wirst Du Anrufe oder Nachrichten von „neuen" Begeisterten erhalten. Auch deinen Geschäftspartnern wird im Laufe das Gleiche passieren.

Durch die Weitergabe der Kontaktdaten werden sich auch dort „neue" Leute melden. Das ist die sog. „Aufwärtsmotivation"

Kannst Du dich noch an die Sache mit der Kerze erinnern? Als erstes motiviert es deine Upline und deine Upline wird Dir helfen. Dann passiert e mit Dir und deinen Leuten.

Das war doch ein echt heißer Tipp für Network Marketing oder nicht?!

Vergiss unbegründete Traditionen, vergiss „moralische" Prinzipien, die Dir andere mit Gewalt eintrichtern wollen. Vergiss jegliche Versuche Dich einschüchtern zu wollen, damit Du irgendwelche Ansichten als „gut" akzeptieren sollst.

Nutze die „Macht". Nein, Spaß beiseite.

Lass Dich von deinen Gefühlen und deinem Verstand leiten. Du bist einzigartig. Du bist die Nummer eins.

Ich bin nicht dein Lebensberater der Dich zu irgendwelchen drastischen Aktionen verleiten möchte. Meine Worte sind auch keine Garantie. Die ganze Verantwortung für deinen Erfolg liegt ausnahmslos bei Dir!

Ich wünsche Dir zum Schluss viel Erfolg und alles Gute auf deinem Weg in ein besseres und glücklicheres Leben.

Ich hoffe mein Buch hat Dir gefallen.

Viel Erfolg!

Dein Oliver Göttlinger

P.S. Es würde mich sehr freuen, wenn Du Deine Erfolgsgeschichte erzählen würdest, damit andere auch davon profitieren können um den Mut zu fassen aus dem Hamsterrad ausbrechen zu können.

Melde Dich einfach bei mir auf Facebook und erzähle mir Deine Geschichte. Ich freue mich!

Eine noch eher persönliche Anmerkung, solltest Du dich dazu entscheiden im Network Marketing Fuß fassen zu wollen, dann helfe ich Dir gerne dabei. Lass uns in einem Gespräch herausfinden, ob wir vielleicht in Zukunft gemeinsam einen Weg gehen möchten.

Es lohnt sich!

Message me!

[f] Oliver Göttlinger